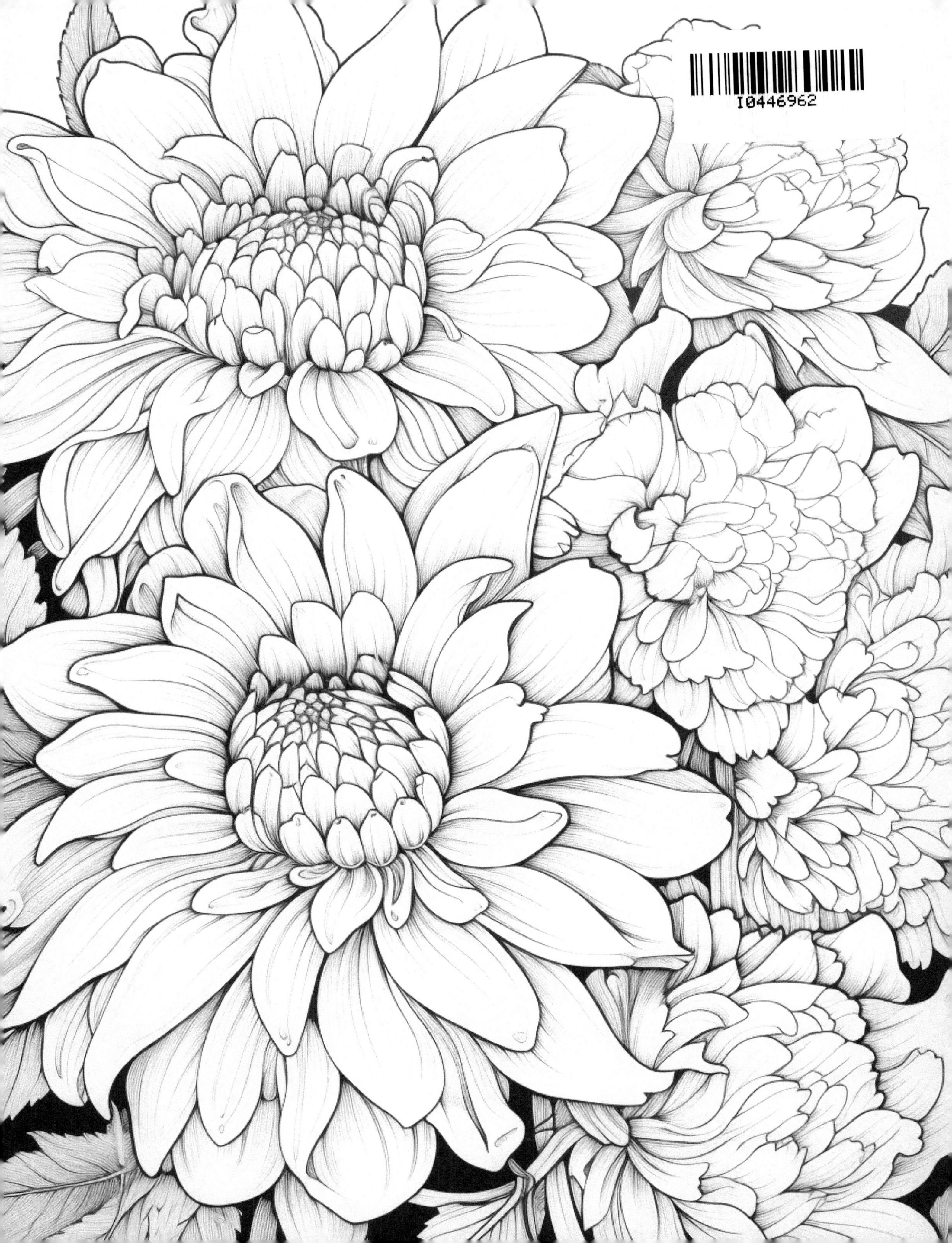

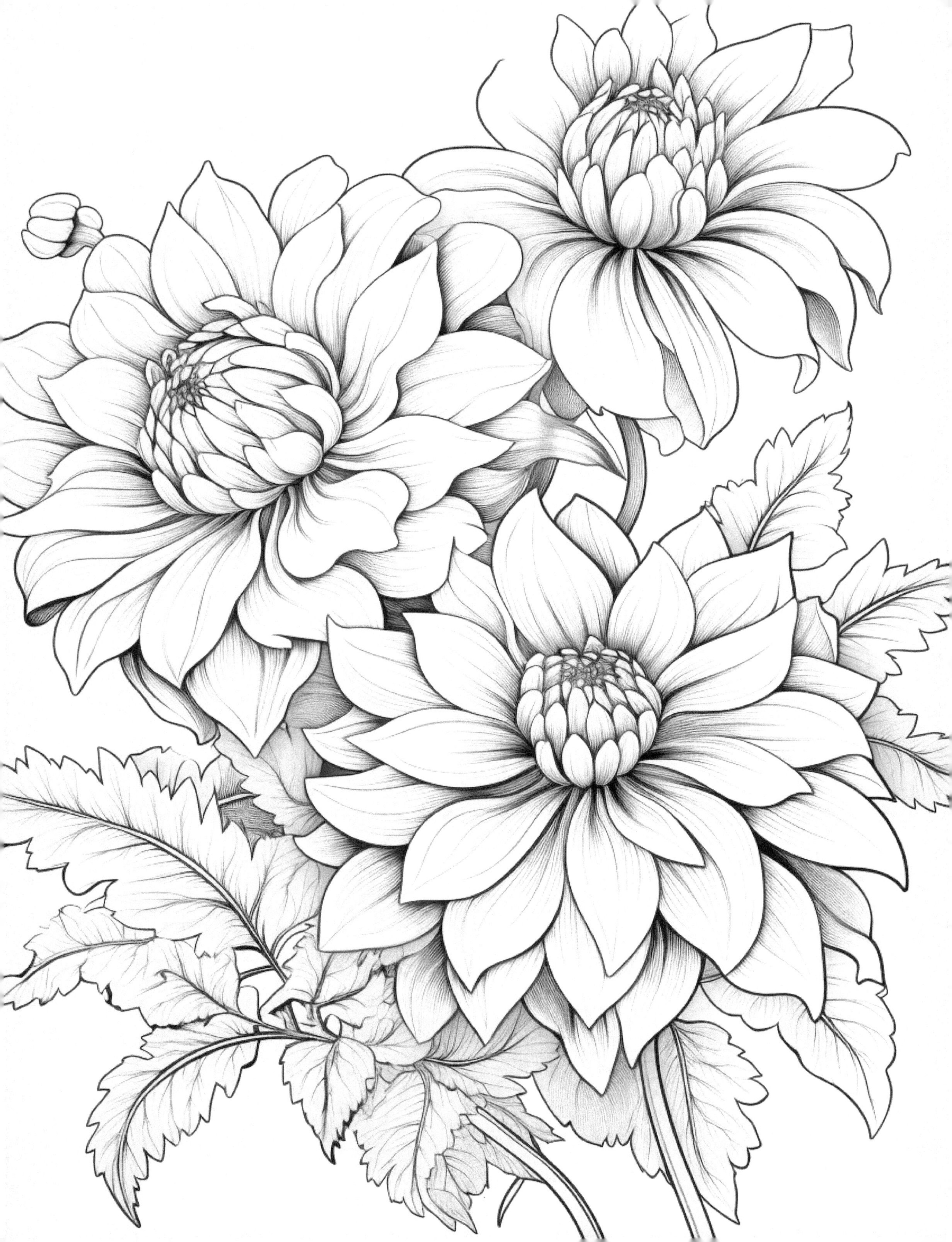

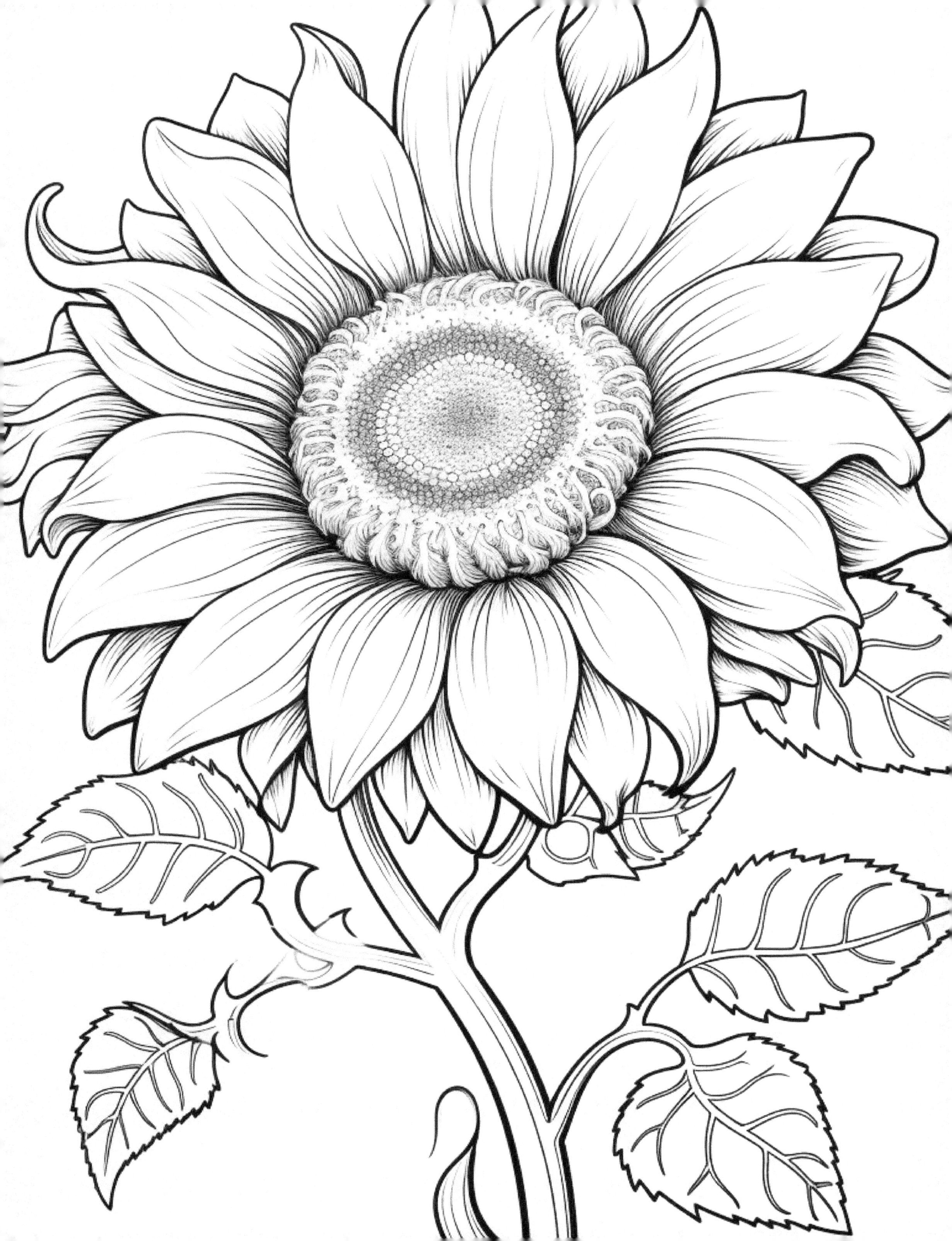

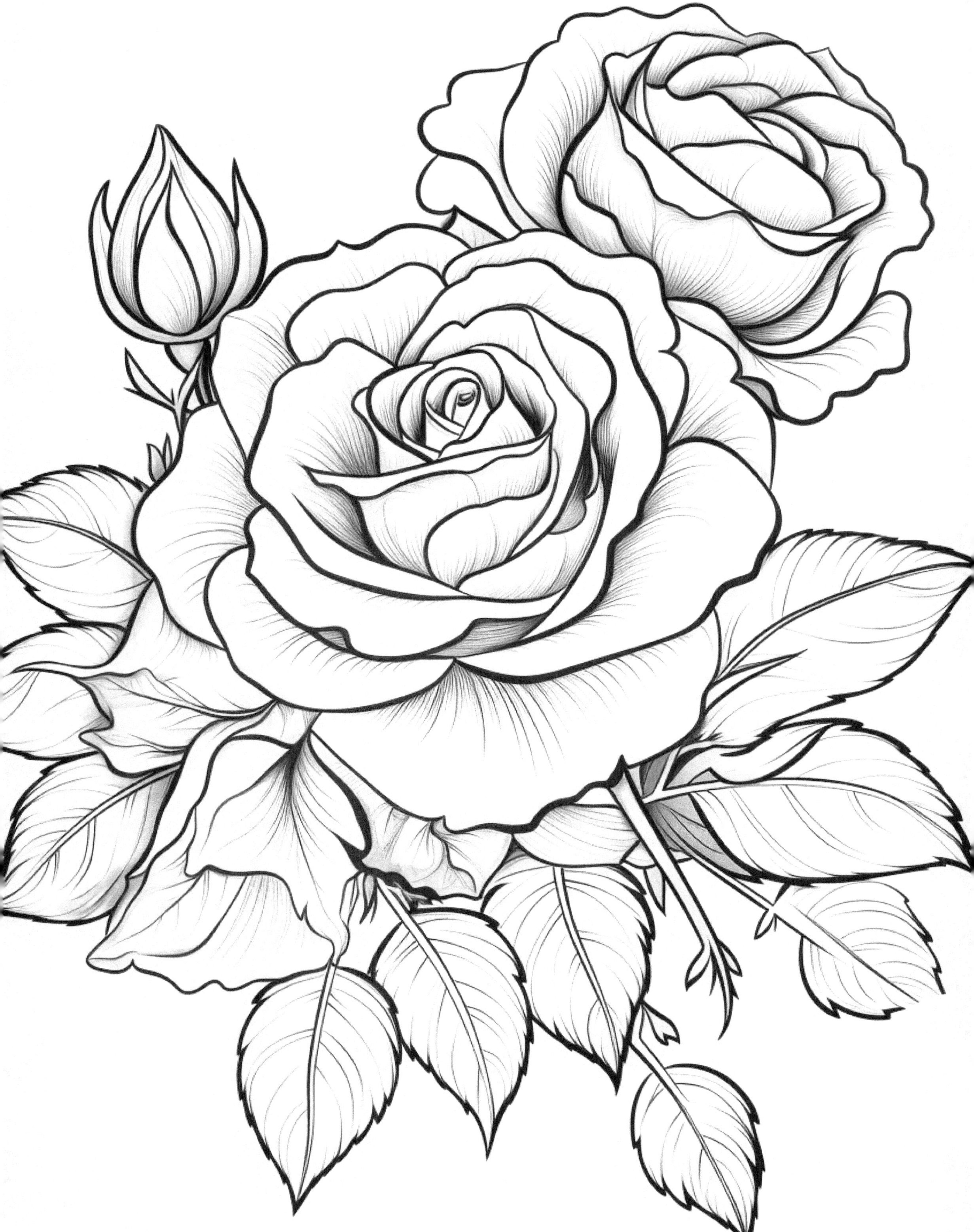

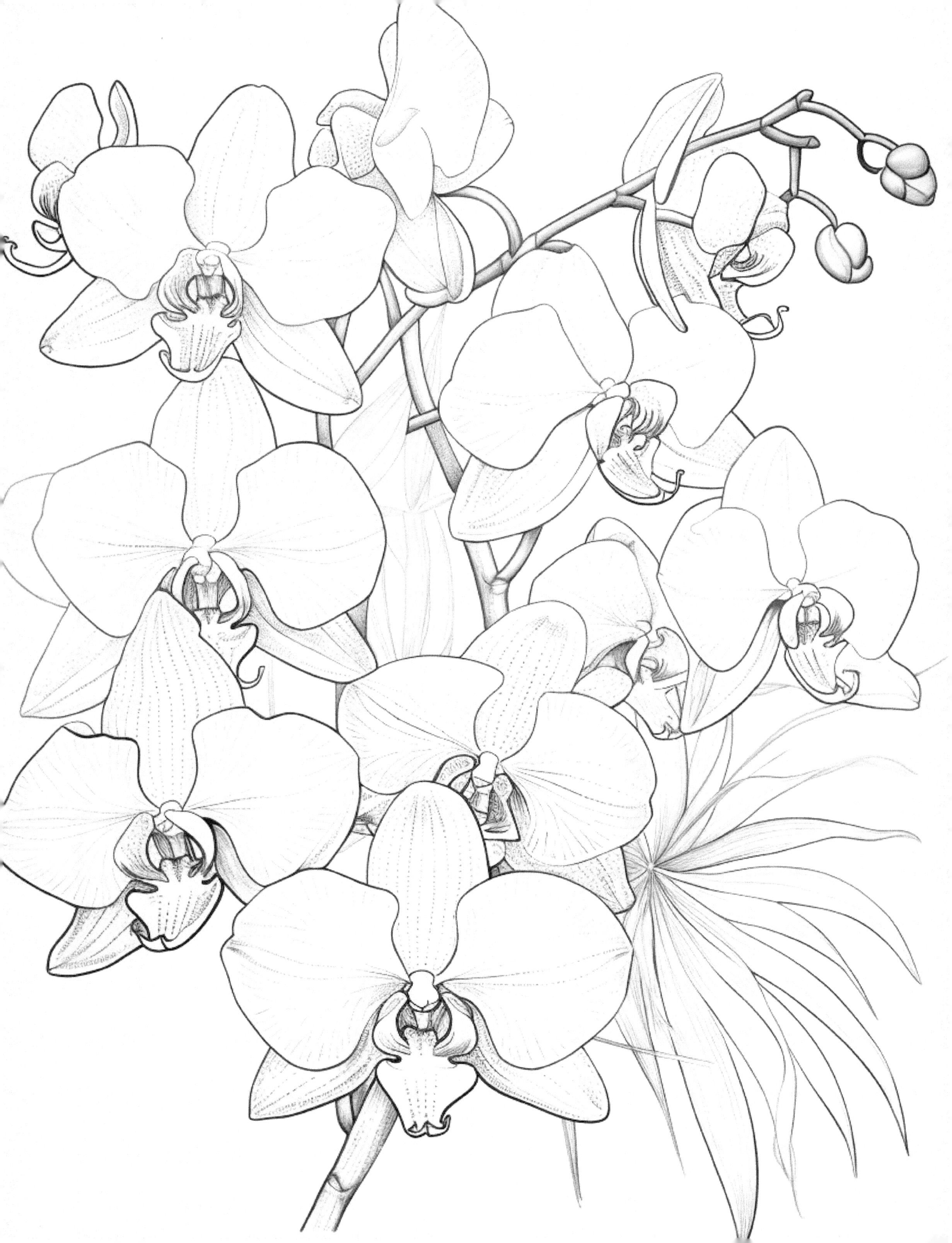

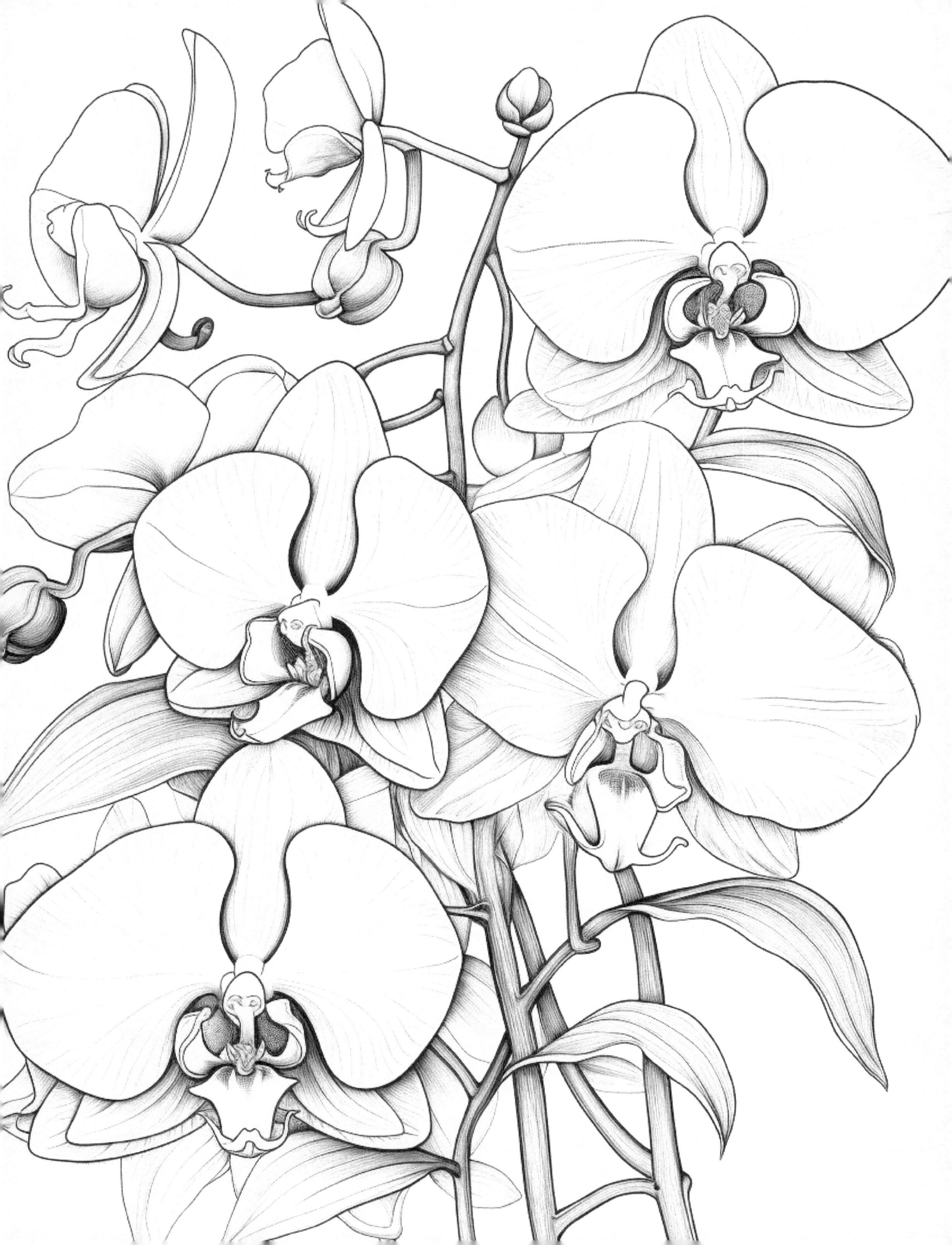

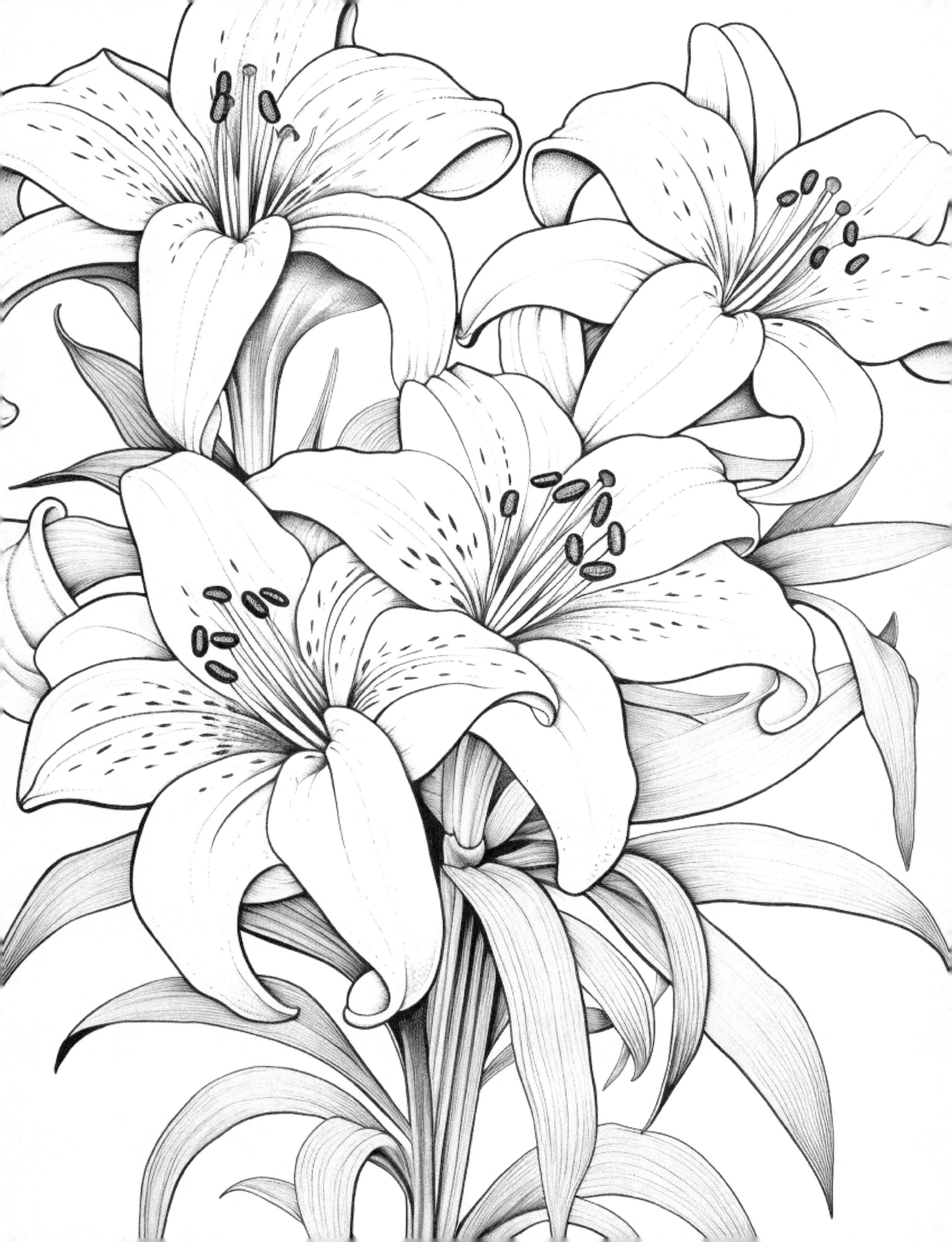

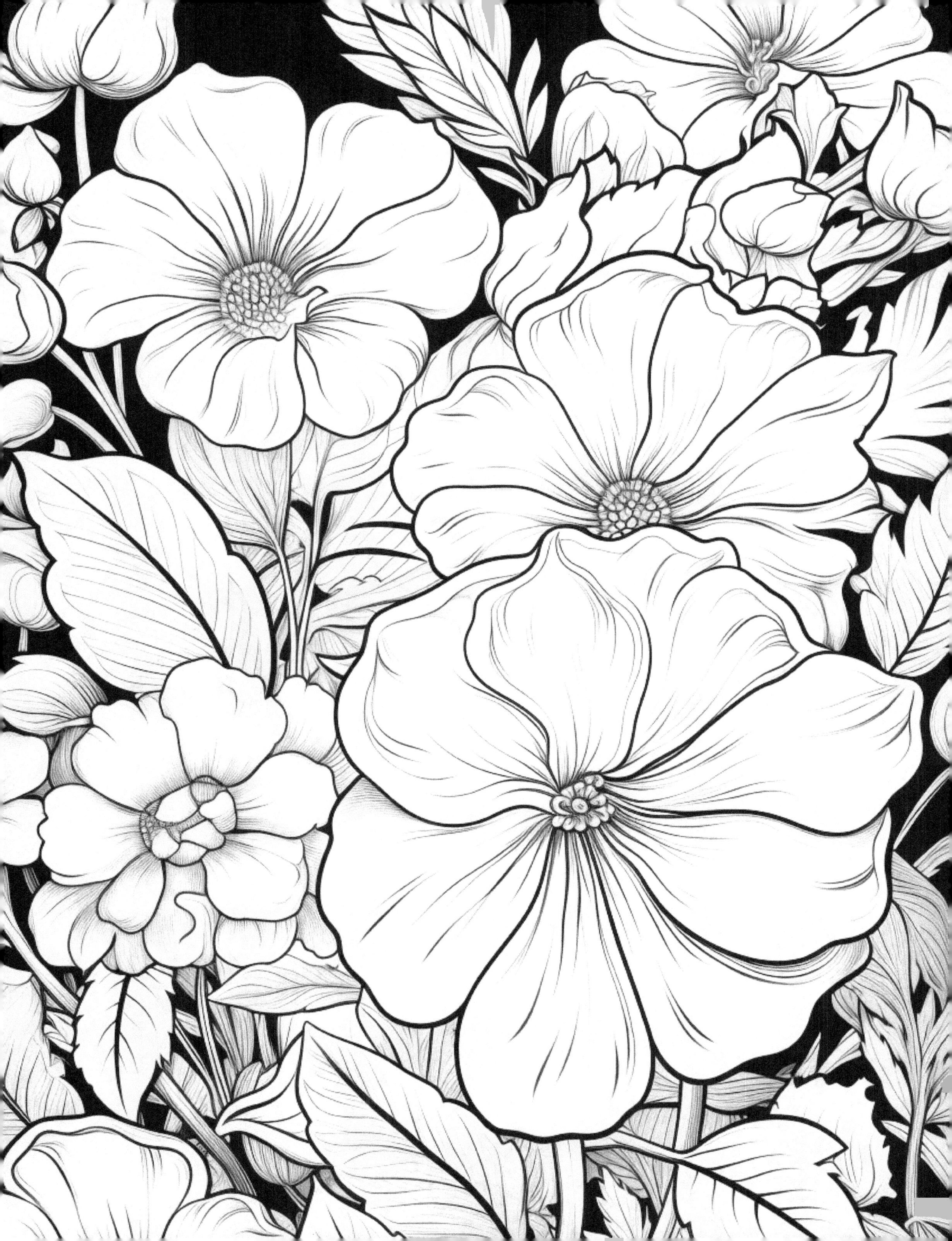

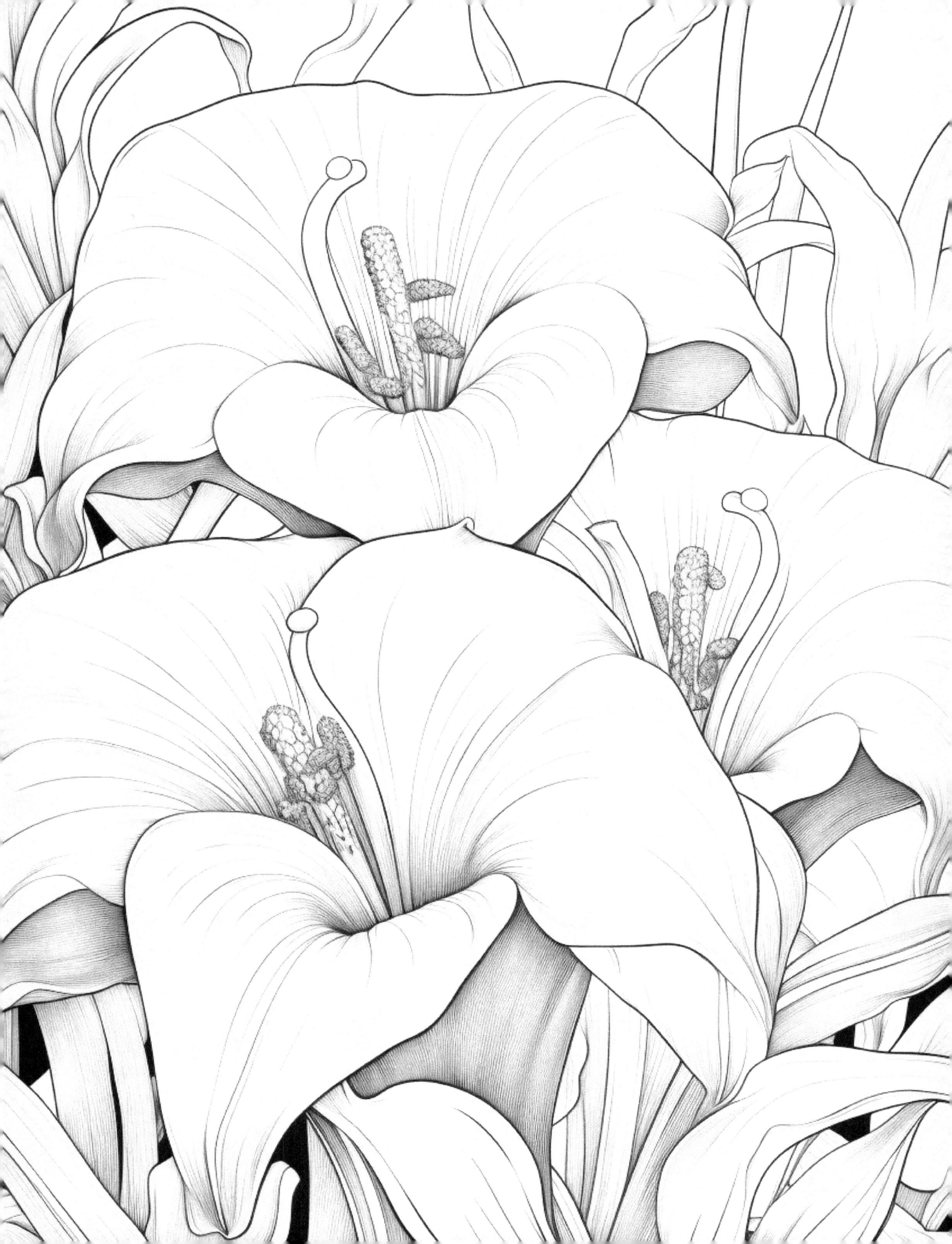

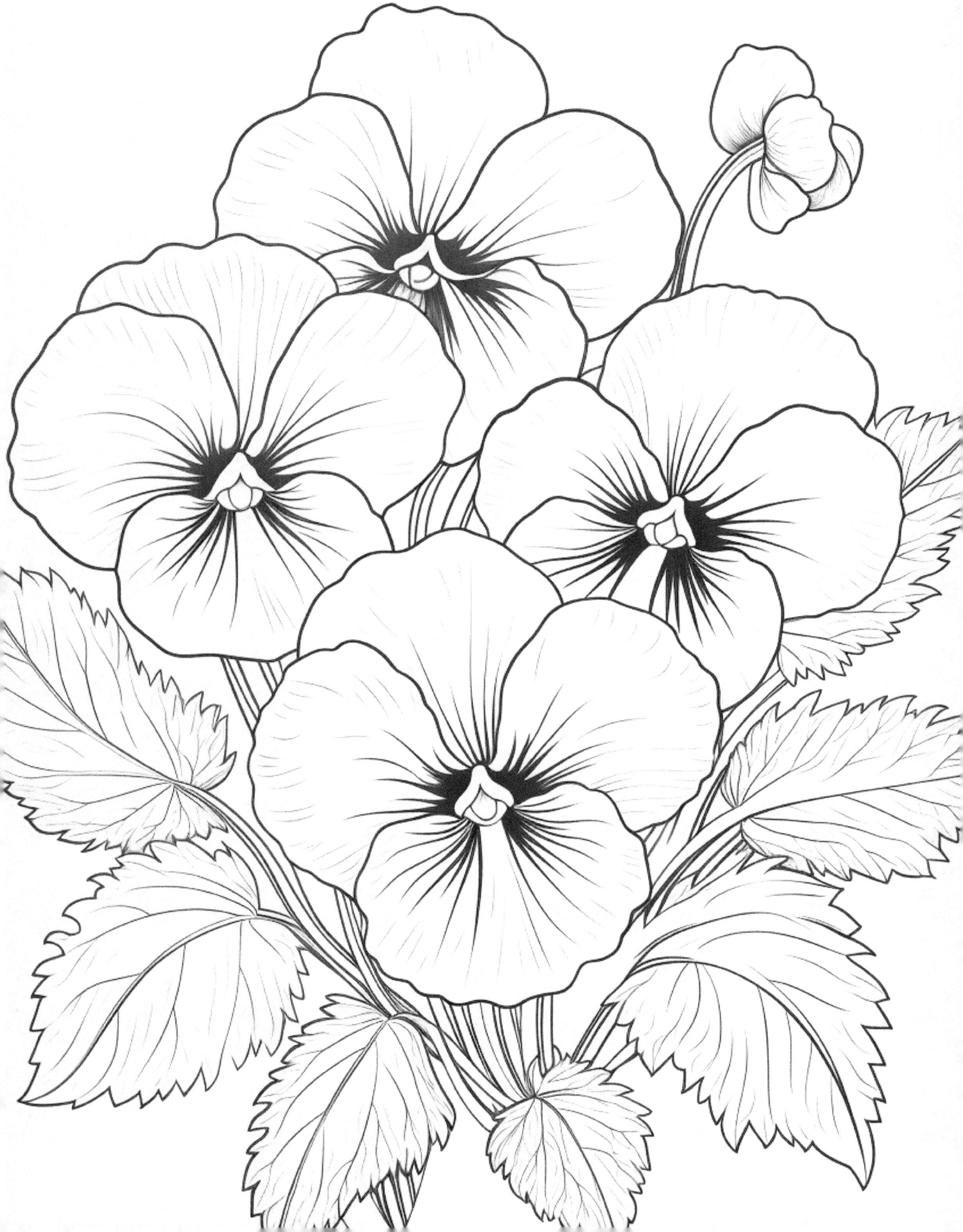

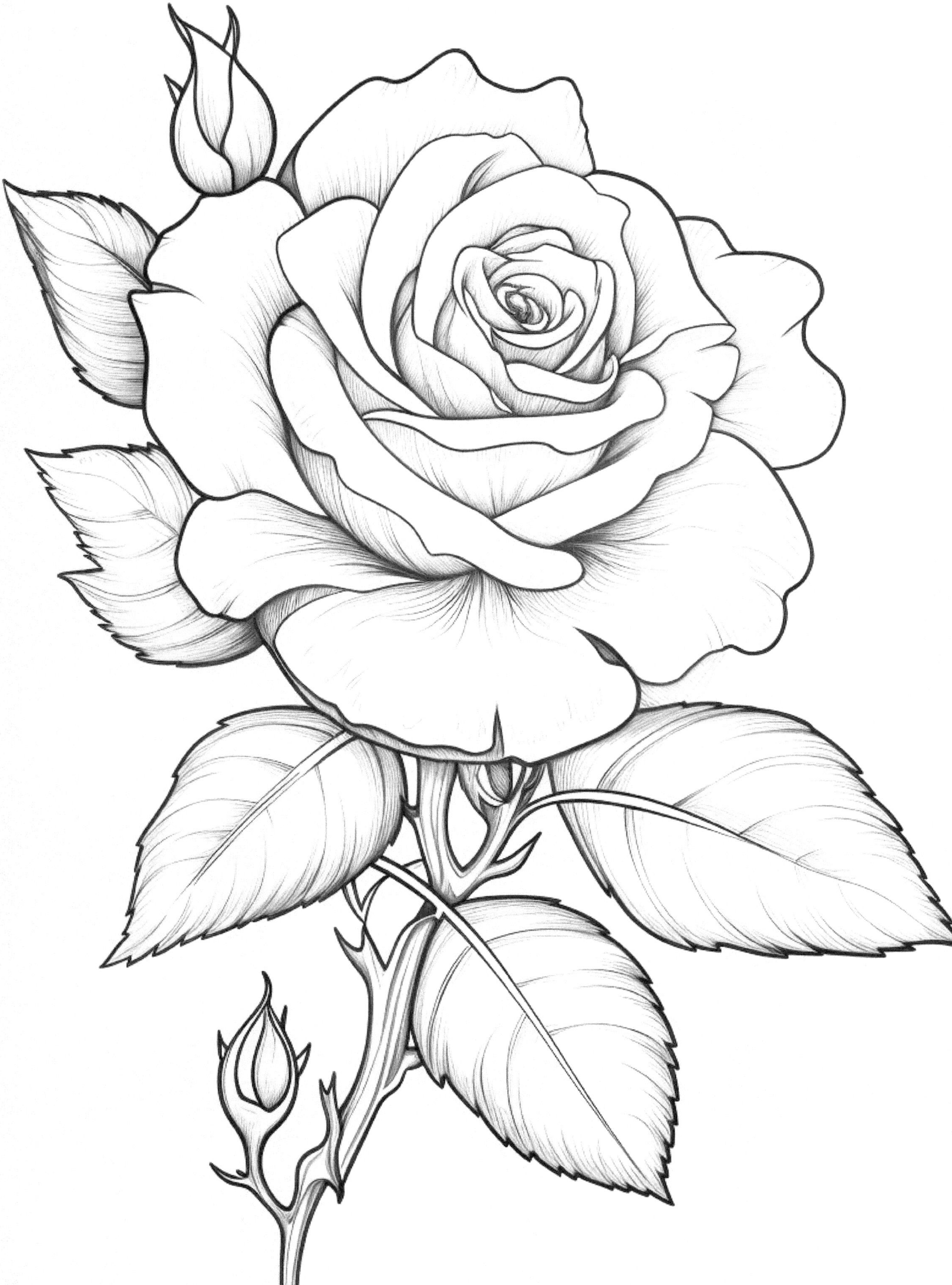

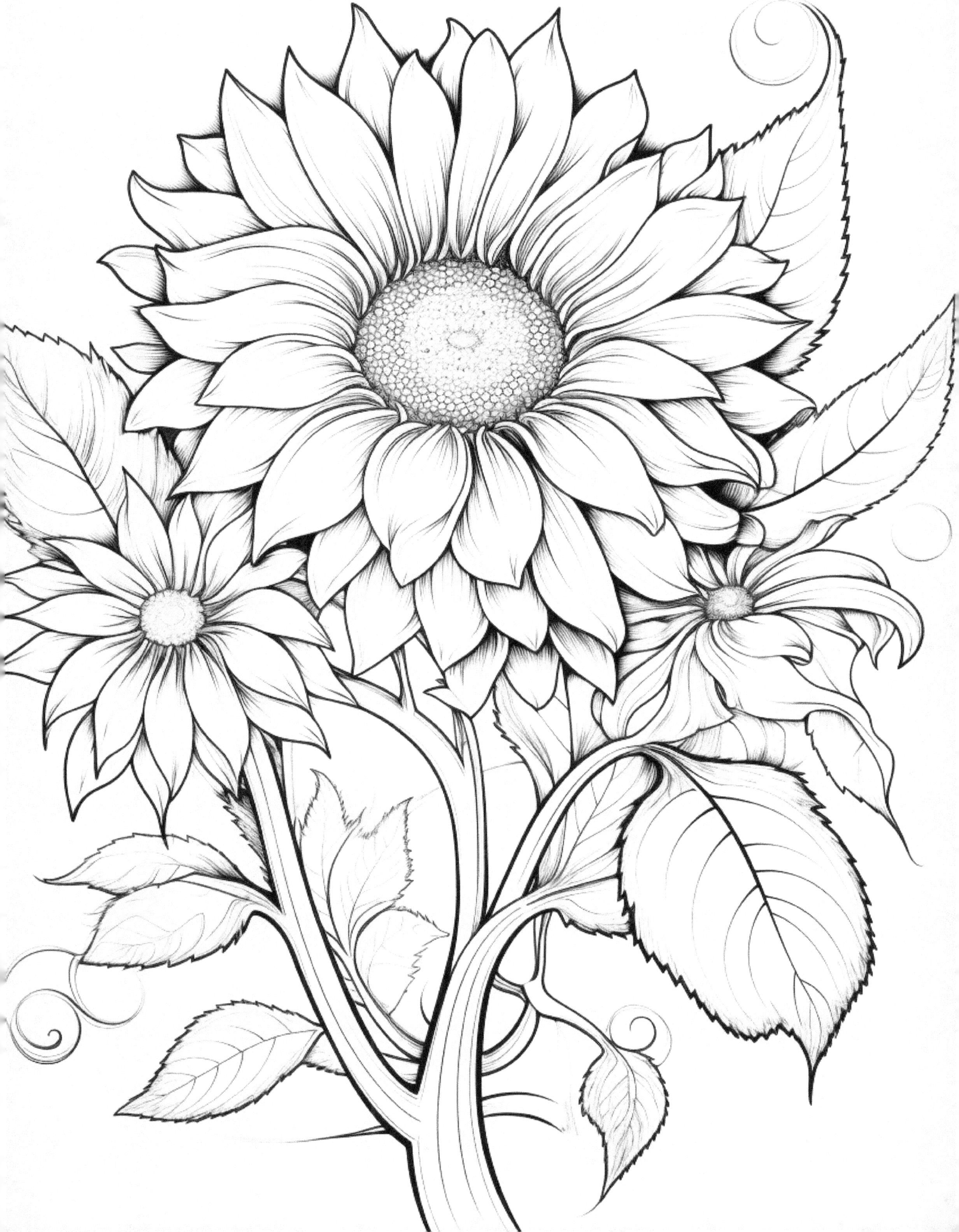

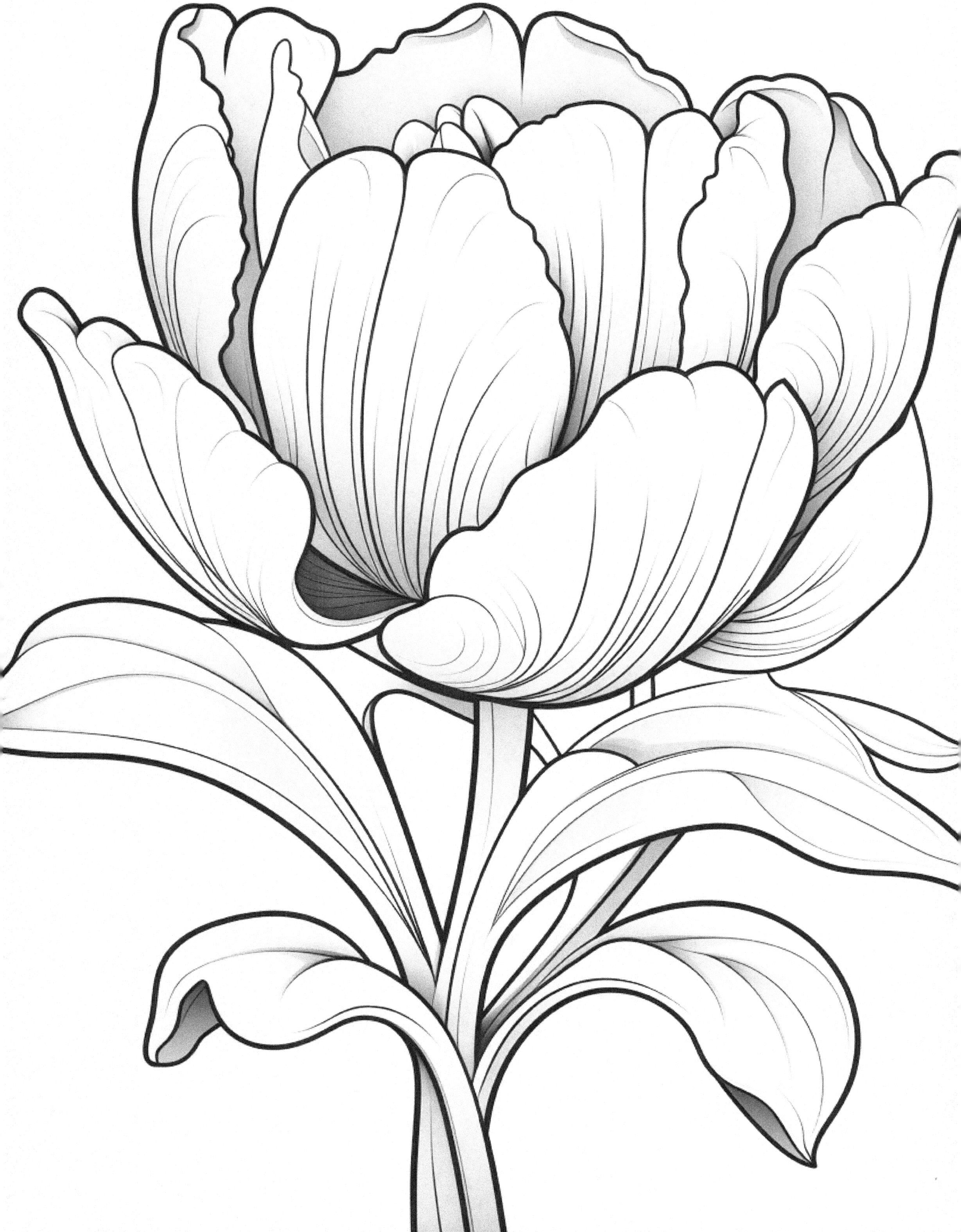

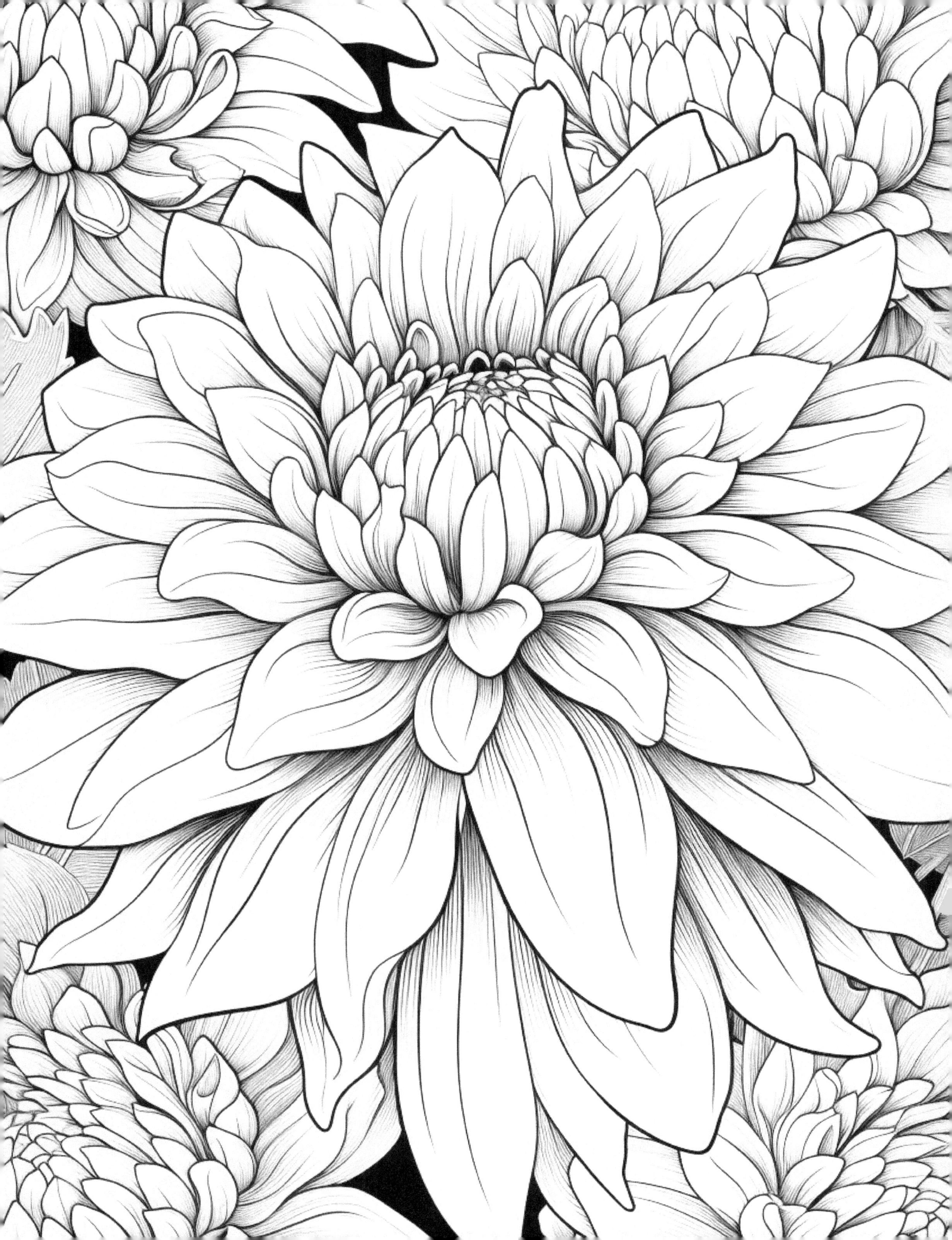

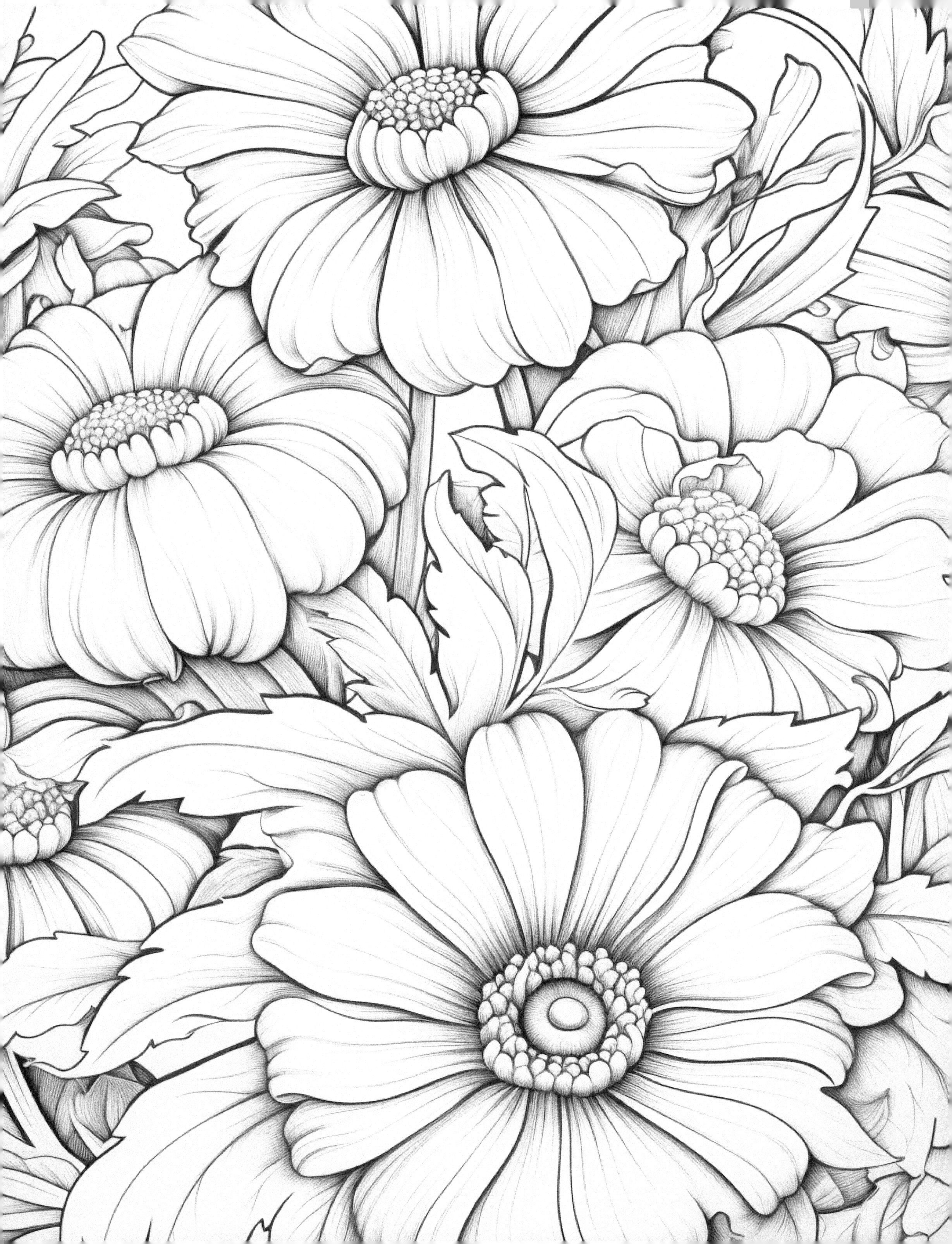

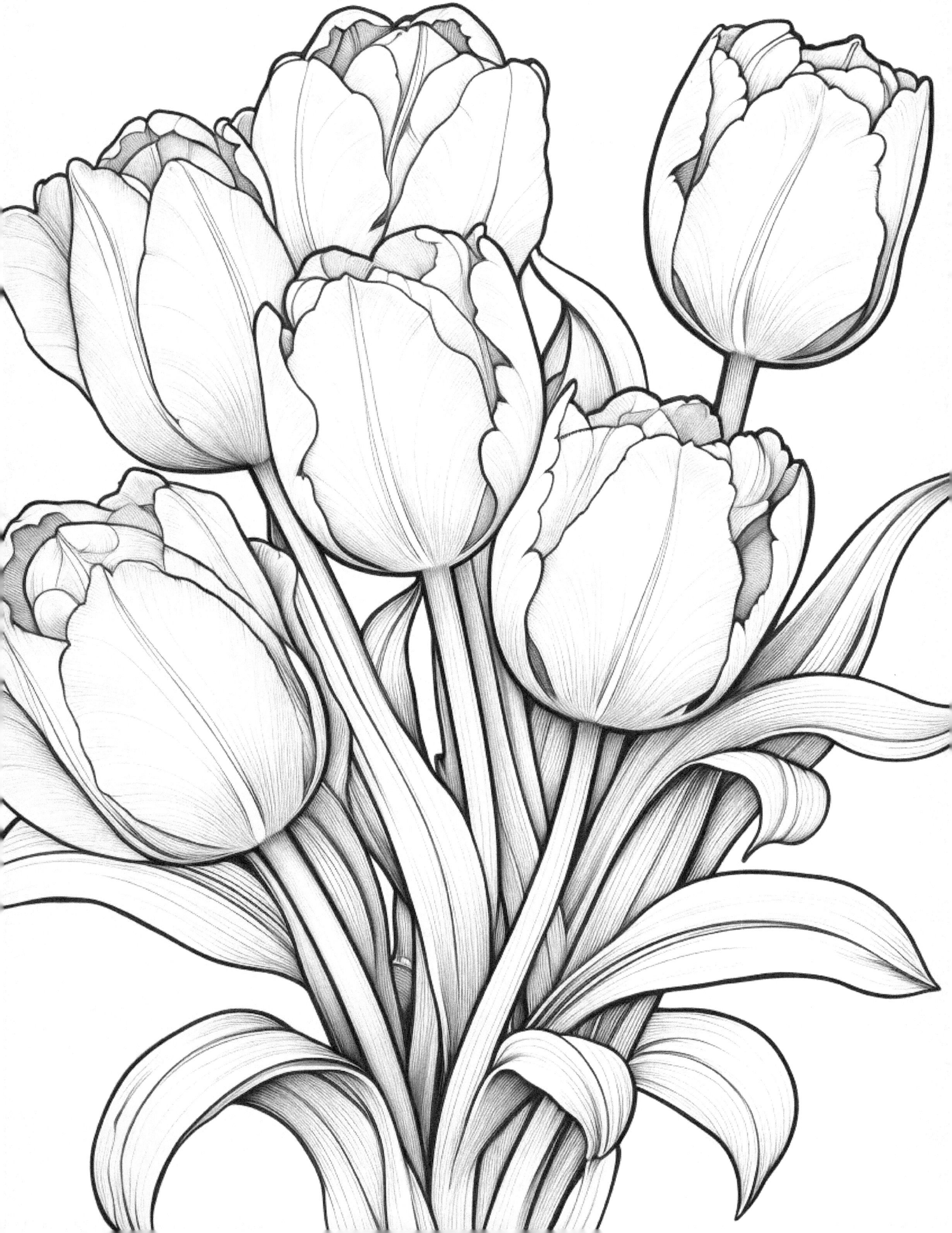

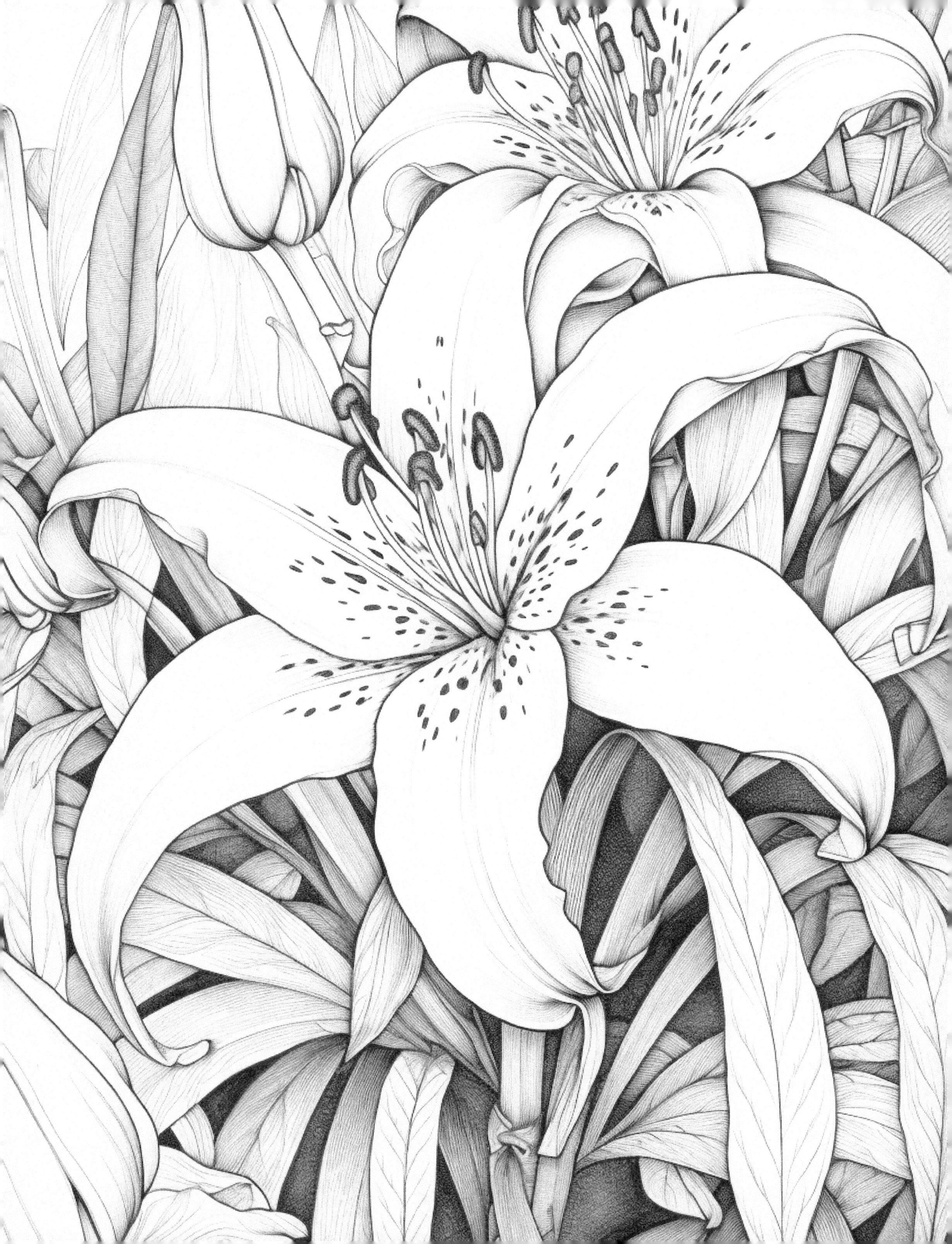

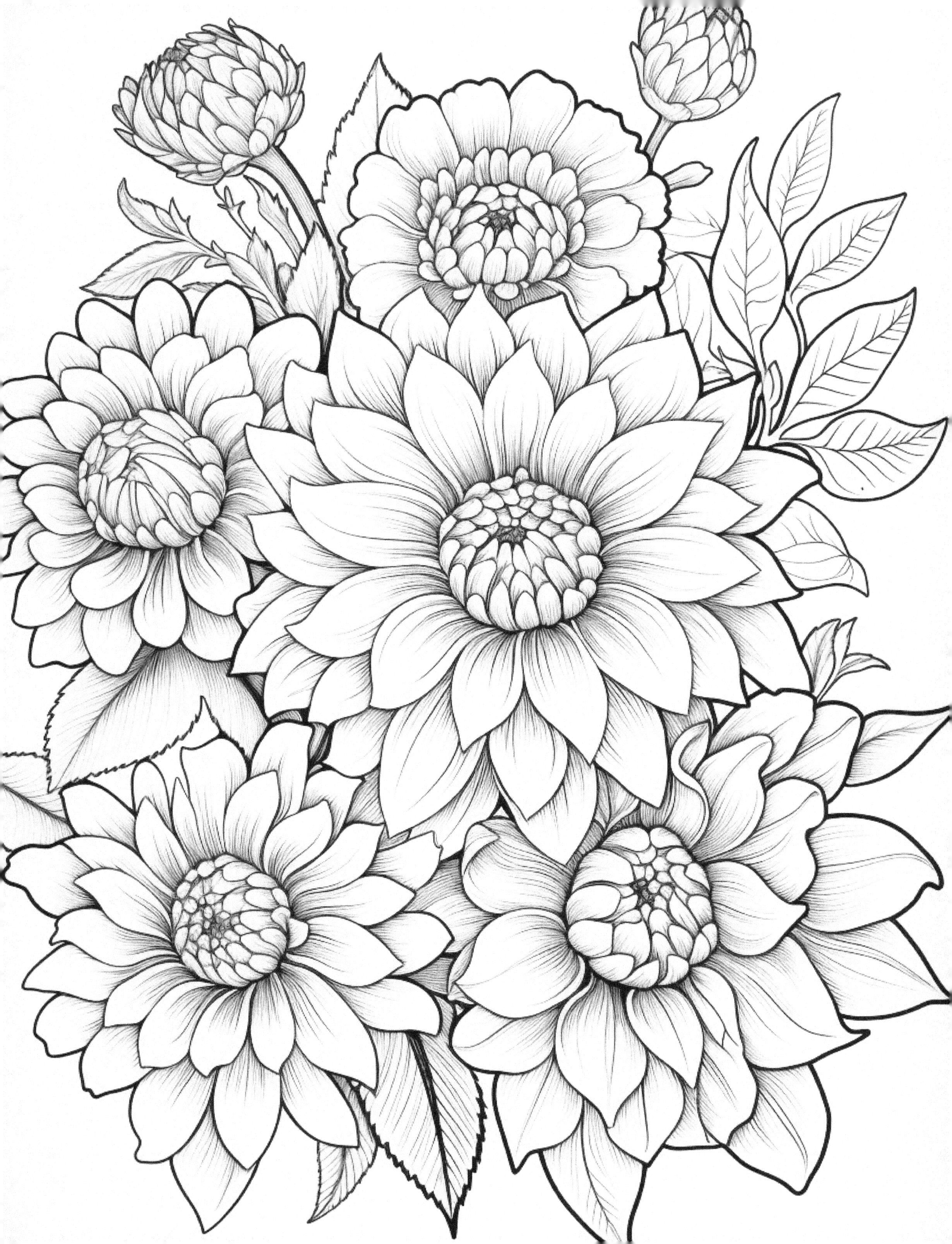

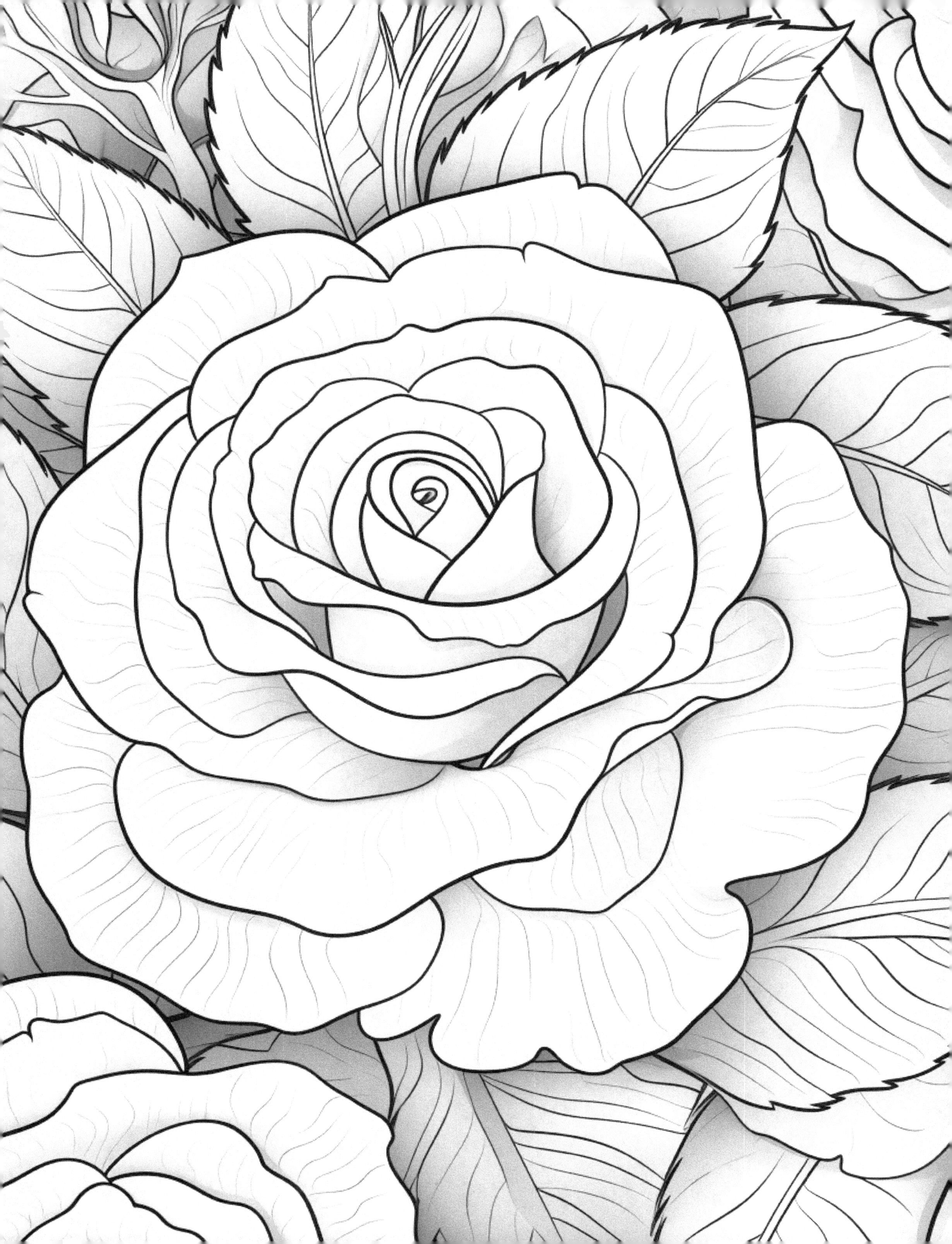

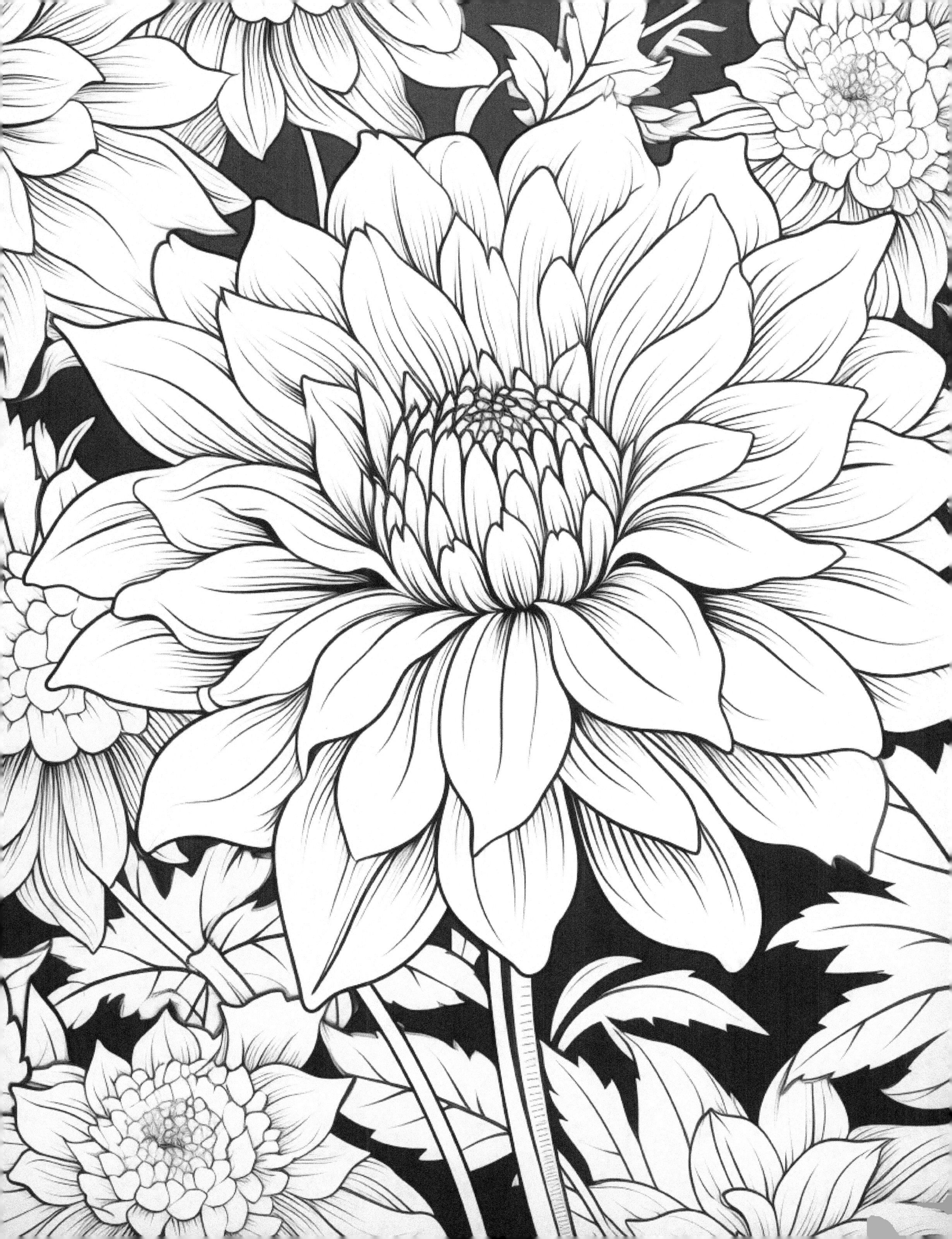

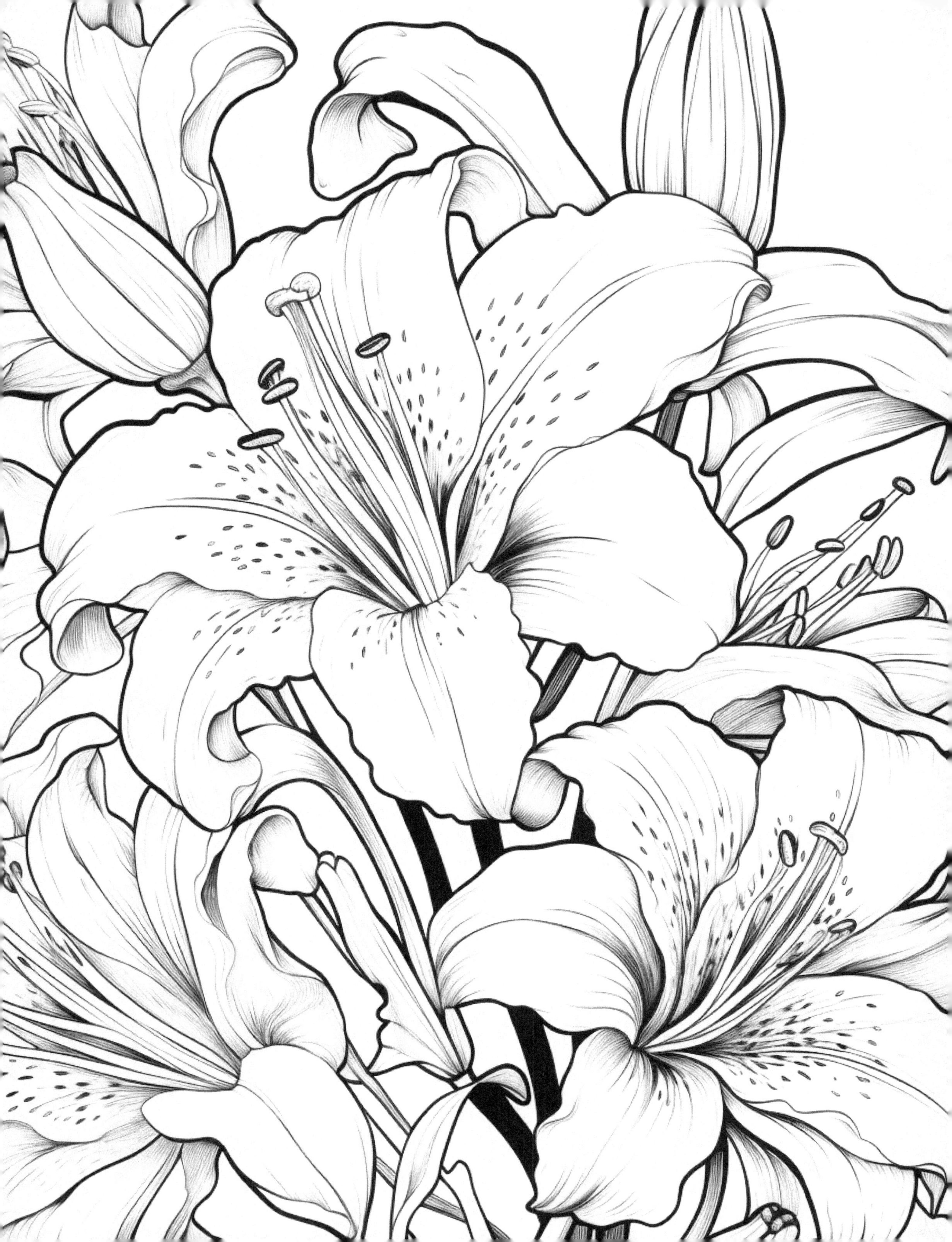

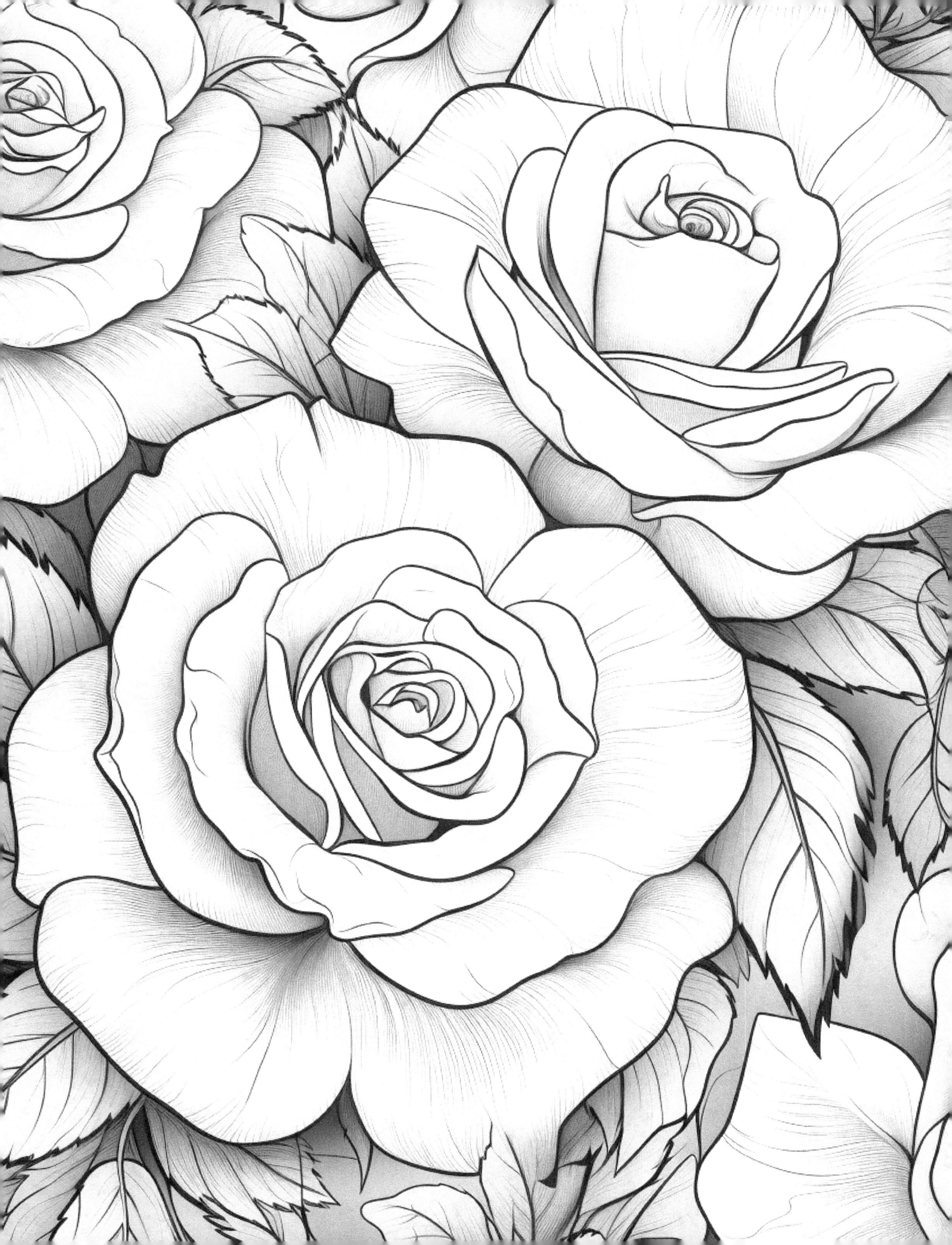

www.ingramcontent.com/pod-product-compliance
Lightning Source LLC
Chambersburg PA
CBHW082159290526
45794CB00008B/3356
* 9 7 9 8 8 6 5 7 0 1 1 0 1 *